AF247078

GÉNÉALOGIE

DE LA FAMILLE

DE MAULDE DE LA TOURELLE

ET DE KEMMEL

ORNÉE DE DEUX PLANCHES

ET DRESSÉE

SUR TITRES

PAR MM

LE CHEVALIER AMÉDÉE DE TERNAS
ANCIEN ÉLÈVE DE L'ÉCOLE DES CHARTES
ET ARTHUR MERGHELYNCK
ÉCUYER

DOUAI

LOUIS DECHRISTÉ, IMPRIMEUR BREVETÉ
Rue Jean-de-Bologne, 1.

1882

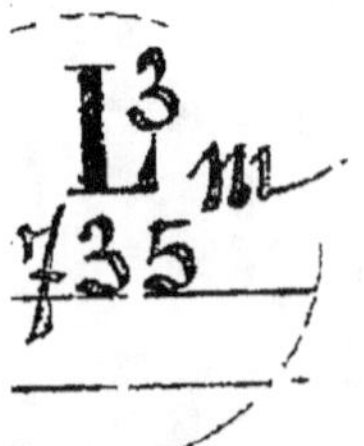

GÉNÉALOGIE

DE LA FAMILLE

DE MAULDE DE LA TOURELLE

ET DE KEMMEL

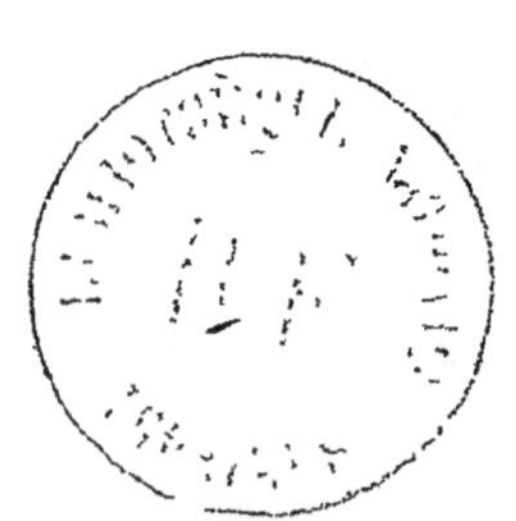

TIRÉE A CENT EXEMPLAIRES

TOUS NUMÉROTÉS ET PARAPHÉS

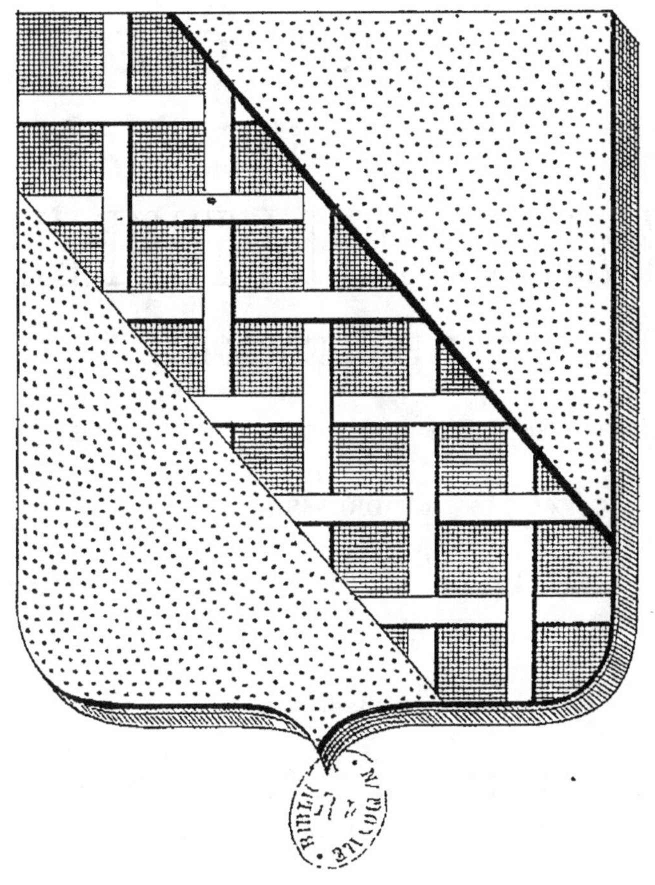

DE MAULDE DE LA TOURELLE
ET DE KEMMEL.

Imp. Robert & Lepage a Douai

GÉNÉALOGIE

DE LA FAMILLE

DE MAULDE DE LA TOURELLE

ET DE KEMMEL

ORNÉE DE DEUX PLANCHES

ET DRESSÉE

SUR TITRES

PAR MM

LE CHEVALIER AMÉDÉE DE TERNAS

ANCIEN ÉLÈVE DE L'ÉCOLE DES CHARTES

ET ARTHUR MERGHELYNCK

ÉCUYER

DOUAI

LOUIS DECHRISTÉ, IMPRIMEUR BREVETÉ

Rue Jean-de-Bologne, 1.

1882

INTRODUCTION

Questionné souvent par des curieux au sujet de la famille de Maulde que les uns prétendent être éteinte et les autres encore existante, nous nous sommes pendant longtemps contenté de répondre.: 1° Que Dumont, qui avait publié la généalogie de cette famille (*Généalogie de quelques familles des Pays-Bas, Amsterdam 1774, page 168 et suivantes*), n'avait pas fait mention de la branche d'Ath, qui, de son temps, ne paraît pas s'être fait connaître comme appartenant à la famille *de Maulde de la Bussière ;* 2° que le généalogiste Lainé, dans le tome III de ses *Archives généalogiques et historiques de la noblesse de la France,* avait écrit que le seul représentant de cette maison était le marquis *de la Bussière.* Cet auteur, du reste, était en parfait accord avec la famille, car, Monsieur le comte de Riencourt, que nous avons eu l'honneur de voir lors d'une visite que nous fîmes à l'antique château de la Bussière, nous a raconté que son grand-père, le marquis de la Bussière, affirmait être le dernier rejeton mâle de cette vieille souche.

D'un autre côté, une généalogie de cette famille publiée en 1861, page 188, dans *l'Annuaire de la noblesse de France*; et en 1862, dans *les Annales de la Société historique et archéologique d'Ypres et de l'ancienne West-Flandre,* la continue jusqu'à nos jours et semble contredire ce qui précède.

Nous avons examiné celle qui se trouve dans les annales d'Ypres, et, sans nous occuper de relever article par article tout ce que l'auteur de cette généalogie avance, ni faire la critique des pièces qu'il cite , disons seulement qu'il n'en donne pas les sources et que ces pièces ressemblent singulièrement à celles fabriquées par le trop fameux hérault d'armes *Delaunay,* condamné à mort par un arrêt du Parlement de Tournai, le 16 mai 1687 (1).

Comme parmi les faux mentionnés dans le jugement de Delaunay se trouvent deux certificats fabriqués pour la famille de Maulde , nous avons tout lieu de penser que la plupart des pièces qui ont servi à établir la filiation de la branche de cette famille jusqu'à nos jours , sortent de l'officine du célèbre faussaire.

Aidé par les recherches que plusieurs de nos amis ont faites et qu'ils ont eu l'obligeance de nous communiquer et après avoir rassemblé bien des notes sur cette famille, nous avons vu qu'il était

(1) Voir l'introduction aux listes des titres de noblesse, chevalerie, publiées à Bruxelles en 1847, page VIII et suivantes.

impossible de la rattacher à l'antique maison de Maulde de la Bussière et de faire remonter son ascendance au-delà de Jean *de Maulde,* échevin d'Ath, marié, le 27 septembre 1587, à Jacqueline *Charlart.*

Nous sommes d'autant mieux convaincu de l'impossibilité de faire remonter plus haut la filiation de cette famille, que Louis-Martin *de Maulde de la Tourelle,* lorsqu'il se fit recevoir parmi les membres de la noblesse des Etats de Lille, le 12 mai 1736, bien loin de prétendre se rattacher à l'ancienne famille de Maulde, arrêta sa filiation à Jean de Maulde, mari de Jacqueline Charlart.

Il eut été du reste dangereux alors de prétendre se rattacher publiquement à une famille qui possédait encore des membres, et ce qui aujourd'hui n'est plus qu'une affaire de vanité, aurait alors été un fait assez grave. Il aurait constitué un faux permettant à leur auteur de saisir dans certain cas, par le moyen de retrait successoral , des seigneuries et des terres sur lesquelles il n'avait aucun droit.

Nous pouvons donc, sans nous tromper, dire avec Lainé et le marquis de la Bussière , que l'antique maison de Maulde s'est éteinte en la personne de ce dernier en 1844.

Nous allons maintenant donner la généalogie des *de Maulde de la Tourelle,* qui tirent leur origine de la ville d'Ath, et peuvent compter au nombre des familles patriciennes de cette ville.

Cette famille dut obtenir des lettres d'anoblissement à la fin du XVIIe siècle, car plusieurs de ses membres, ainsi que nous le rapporterons dans la généalogie, sont inscrits comme nobles dans l'*Armorial général de France*, dressé par d'Hozier, en 1696.

Depuis cette époque, cette famille bien posée, alliée à la noblesse de la Flandre wallonne, a toujours figuré parmi les nobles de la France, que deux de ses membres ont abandonnée en optant pour la nationalité belge, comme étant nés d'un père français et d'une mère belge.

DE MAULDE DE LA TOURELLE

ET DE KEMMEL.

Armes : *d'or, à une bande de sable frettée d'argent.*

I. Jean *de Maulde,* bourgeois de la ville d'Ath, échevin de cette ville en 1597 - 1598, qualifié de receveur de l'abbaye de Cambron dans des actes de 1604, 1610, 1611, passés devant les échevins d'Ath, et déposés au greffe de cette ville, épousa vers 1587, Jacqueline *Charlart.*

Ils eurent treize enfants, tous baptisés en l'église paroissiale de Saint-Julien d'Ath :

1° Pierre, baptisé le 30 octobre 1588, eut pour parrain l'abbé de Cambron, et pour marraine Nathalie *de Maulde.* C'est probablement lui qui devint moine de l'abbaye de Cambron sous le nom de Robert *de Maulde,* et fut nommé coadjuteur de Jacques *Le Maire,* abbé de Cercamps ; mais étant mort

le 2 mai 1645, et Jacques *Le Maire* en 1647,
il ne fut jamais abbé titulaire (1) ;

2° Jacqueline, baptisée le 11 mai 1590, est
indiquée, dans un manuscrit en quatorze
volumes que nous possèdons, comme ayant
épousé Jean *de Hersent* ;

3° Jean, baptisé le 23 juillet 1592, eut pour
parrain Jean *de Maulde* ;

4° Jean, qui suit;

5° Charles, baptisé le 27 août 1596 ;

6° Jeanne, baptisée le 6 avril 1598, épousa,
d'après le manuscrit ci-devant , Charles
Beauwins ;

7° Charles, baptisé le 24 décembre 1599 ;

8° Marie, baptisée le 21 décembre 1601, se
maria , d'après le même manuscrit , à
Charles *Courouble* ;

9° Barbe, baptisée le 18 mai 1604, épousa, dans
l'église Saint-Julien d'Ath, le 13 avril 1622,
maître Jean *Couvreur,* en présence de Noël
Couvreur, et de Jean *de Maulde ,* probablement pères des mariés , et de Nicolas *de
Herchies ;*

10° Philippe, baptisé le 17 mars 1606 ;

11° Pierre, baptisé le 2 août 1607 ;

12° Jacques, baptisé le 27 juin 1609 ;

(1) V. *Gallia Christiana,* t. X, folio 1340.

Cette inscription se trouve actuellement à
l'ecole communale des garçons de la ville d'Ath

13° Isabelle, baptisée le 2 décembre 1612, indiquée comme fille dévote dans une généalogie, eut pour parrain le seigneur *d'Holain,* et pour marraine Isabelle *de le Flecquere.* Nous avons tout lieu de croire que c'est elle qui fut religieuse au couvent d'Ath, sous le nom d'Elisabeth *de Maulde* et qui mourut le 13 novembre 1678, âgée de 63 ans. On peut voir encore aujourd'hui une pierre bleue enchassée dans la muraille du vestibule de la porte d'entrée de l'école communale des garçons, rue de Gand, à Ath, contenant une inscription qui rappelle la mémoire de cette religieuse (1).

II. Jean *de Maulde* figure dans des actes d'embrefes de 1623, 1624, avec la qualité de bourgeois d'Ath, licencié ès-lois, bailli d'Hellebecq, devint premier bourgmestre de la ville d'Ath en 1644-1645, échevin de la même ville en 1646-1647, et enfin mayeur d'Ath en 1652-1656. Il avait été baptisé dans l'église Saint-Julien d'Ath, le 12 janvier 1694, et avait été tenu sur les fonts baptismaux par Antoine *de Maulde* et par Adrienne *Sceughin* (sic). Le 10 octobre 1616, il se maria dans l'église Saint-Julien d'Ath, avec Marie *Hannoye,* née à Ath, baptisée à Saint-Julien le 22 jan-

(1) Voir la planche ci-contre.

vier 1600, fille de maître Jacques *Hannoye* et de Jeanne *de Grandmont*.

Ils eurent dix enfants, tous baptisés à Ath , dans l'église Saint-Julien :

1° Jean, baptisé le 25 mai 1618, eut pour parrain Jean *de Maulde*, et pour marraine Jacqueline *Hannoye ;*

2° François, baptisé le 27 janvier 1620 ;

3° Hugues, baptisé le 24 décembre 1620 ;

4° Jacqueline, baptisée le 26 janvier 1623 ;

5° Robert, échevin de la ville d'Ath en 1660, 1661 , 1662 , 1663 , avait été baptisé le 11 mai 1625 ;

6° Pierre, qui suit ;

7° Charles-Bon, baptisé le 30 mars 1630 ;

8° Charles-François, baptisé le 11 novembre 1631 ;

9° Jacques-Philippe, baptisé le 22 décembre 1638 ;

10° Marie-Jeanne, baptisée le 17 juin 1637.

III. Pierre *de Maulde,* baptisé en l'église Saint-Julien d'Ath, le 15 janvier 1628, eut pour parrain et marraine Pierre *de Namur* et Jacqueline *Hannoye*. Il épousa par contrat passé devant les échevins de la ville de Valenciennes, le 13 avril 1655, Elisabeth *Hardy,* fille de Pierre, échevin de Valenciennes en 1643-1676 , puis massard (trésorier) de cette ville et de Quentine *Derhem*.

Ils laissèrent quatre enfants :

1° Anne-Elisabeth, baptisée dans la paroisse de Saint-Julien d'Ath, le 11 février 1656 ;

2° Jean-Bernard *de Maulde*, seigneur du Forest, qualifié d'écuyer sur son épitaphe et dans l'*Armorial général de France* de 1696, volume coté Flandre, imprimé par M. Borel d'Hauterive, en 1856, page 82 (1), mourut à Valenciennes, paroisse Saint-Jean, le 28 octobre 1727, et fut inhumé aux Dominicains de cette ville. Il avait épousé, par contrat du 13 juillet 1685, Anne-Thérèse *de Malapert*, morte le 19 octobre 1690, et inhumée comme son mari aux Dominicains. Elle était fille de Philippe-Christophe *de Malapert* et de Marie-Françoise *Lepreux*.

Ils eurent un fils qui suit :

Pierre-Joseph *de Maulde*, mort en bas âge le 4 juillet 1686, et enterré aux Dominicains avec ses père et mère sous une pierre tombale placée entre les quatrième et cinquième pilier à gauche en entrant et offrant l'inscription suivante :

---

(1) D'or, à une bande de sable chargée de trois sautoirs d'argent, écartelé, d'or à une croix engrelée de gueules qui est de *Hennin*.

« Icy reposent les corps de Monsieur Jean-
» Bernard *de Maulde*, écuyer, seigneur
» de Forest, etc., lequel décéda le
»   âgé de   ans et de dame Anne-
» Thérèse *de Malapert,* son épouse, dé-
» cédée le 19 avril 1690, et auprès d'eux
» le sieur Pierre-Joseph *de Maulte* (sic),
» leur fils, mort en bas âge, le 4 juillet
» 1686.

» R. I. P. »

3° Jacques *de Maulde,* qualifié de chevalier, seigneur du Hardois dans l'*Armorial général de France* de 1696, cité ci-devant, où ses armes sont enregistrées page 82. Il épousa, par contrat passé devant les échevins de Valenciennes, le 16 avril 1692, Marie-Anne *Le Duc,* fille de Claude Lamoral, écuyer, seigneur d'Oilly, prévôt et trésorier-général de la ville de Valenciennes, et de Marie-Ignace *Haugoubart.* Devenu veuf, Jacques *de Maulde* se fit religieux au monastère de la Trappe ;

4° Pierre-François, qui suit.

IV. Pierre-François *de Maulde,* qualifié d'écuyer, de seigneur de la Tourelle et de capitaine de cavalerie au régiment de Mauroi, au service de France, dans le registre aux bourgeois de la ville de Lille, avait acheté la bourgeoisie de cette ville, le 20 juin

1692, et fit, ainsi que sa femme, enregistrer ses armes à l'*Armorial général de France* cité ci-devant, page 50. Il mourut à Lille, paroisse Saint-André, le 27 avril 1726, après y avoir épousé, par contrat du 9 avril 1692 et religieusement le 12 suivant, dans l'église Sainte-Catherine de cette ville, Marie-Madeleine *Vanlaer*. Il eut pour témoins à son mariage, son frère, Jean-Bernard *de Maulde*, écuyer, seigneur du Forest, et Etienne *Vanlaer*.

Ils eurent onze enfants, tous baptisés dans l'église Sainte-Catherine de Lille :

1° Anne-Isabelle *de Maulde*, baptisée le 21 janvier 1693, eut pour parrain Etienne *Vanlaer;*

2° Jean-Bernard, baptisé le 24 février 1694 ;

3° Marie-Robertine, baptisée le 23 avril 1695 ;

4° Pierre-François-Albert, baptisé le 7 août 1696 ;

5° Jacques-Joseph, baptisé le 6 octobre 1697;

6° Martin-Louis, qui suit ;

7° Pierre-François-Henri, baptisé le 13 janvier 1700 ;

8° Thérèse-Joseph, baptisée le 21 mai 1701 ;

9° Henri-François-Joseph, baptisé le 29 janvier 1703, eut pour marraine Anne-Elisabeth *de Maulde*, sa sœur ;

10° Pierre-Charles-Joseph, baptisé le 8 mars 1704;

11° Jean-François-Joseph, baptisé le 27 octobre 1705.

V. Martin-Louis *de Maulde,* écuyer, seigneur de la Tourelle, né à Lille, paroisse Sainte-Catherine, le 8 novembre 1698, mort même paroisse, fut inhumé dans la chapelle de communion de cette église le 15 février 1762. Il avait épousé : 1° par contrat passé à Tournai, le 7 juin 1731, Marie-Louise-Joseph *Delfosse,* dame d'Ennequint, de Gantois, fille de Nicolas, baron d'Espierre, seigneur de la Locquerie, Delpretz, Terquise, Escavey, et de Marie-Françoise *Bayart.* Marie-Louise-Joseph *Delfosse* mourut à Lille, paroisse Saint-André, et fut inhumée dans la chapelle Notre-Dame de Consolation de cette église le 3 octobre 1745, en présence de Bruno-Auguste *Delfosse,* seigneur d'Espierre, chevalier, son frère ; 2° à Lille, paroisse Sainte-Catherine, le 16 octobre 1746, Françoise-Séraphine *Hespel,* dame de Loos, née à Lille, en 1721, morte dans cette ville, le 18 janvier 1805, âgée de 83 ans et 11 mois, fille de Joseph, écuyer, seigneur de Doulieu, et de Marie-Madeleine *Bridoul.*

Une inscription, placée dans la chapelle du Saint-Sacrement de l'église Sainte-Catherine, rappelait ce personnage, sa deuxième femme et un de ses enfants ; elle était surmontée de deux écussons ovales, le premier aux armes des *de Maulde,* et le second aux armes des *Hespel* et était ainsi conçue :

« Sépulture de Martin-Louis *de Maulde,* écuyer,
» seigneur de la Tourelle, décédé le 14 février 1762,
» âgé de 62 ans, et de Françoise-Séraphine *Hespel,*
» dame de Loos, son épouse, décédée le
»   âgée de   , et de Louis-Marie *de Maulde,*
» leur fils, écuyer, seigneur de la Tourelle, décédé
» le 22 avril 1762.

» REQUIESCANT IN PACE. »

Il eut sept enfants de ses deux femmes, un du premier lit et six du second :

Premier lit :

1° Nicolas-Bernard-Joseph, né à Lille, paroisse Saint-André, le 22 mars 1732, baptisé le 25 suivant, eut pour parrain son grand-père et pour marraine Marie-Madeleine *Beuvet de la Fonteine-Canicourt,* au nom de Marie-Anne *de Maulde* ;

Deuxième lit :

2° Louis-Marie, baptisé à Lille, paroisse Saint-André, le 9 septembre 1747, mort dans la même ville, fut inhumé, le 23 avril 1762, dans l'église Sainte-Catherine, avec son père;

3° Séraphine-Joseph *de Maulde,* baptisée à Lille, paroisse Saint-André, le 14 juillet 1749, se maria dans la même ville, paroisse Sainte-Catherine, le 25 janvier 1774, à André-Joseph *de Vicq,* écuyer, seigneur de la Motte, échevin de Lille, fils de feu Charles-

Joseph, écuyer, seigneur de la Chaussée, Franc-Alleux, et de Marie-Jeanne *Legillon de Montjoie* ;

4° Marie-Thérèse-Nathalie *de Maulde,* baptisée à Lille, paroisse Saint-André, le 27 janvier 1751, morte à Ypres, le 29 novembre 1810, s'était mariée à Lille, dans l'église de Sainte-Catherine, le 25 janvier 1774, à Christophe-Antoine-Robert *Imbert,* écuyer, seigneur de la Phalecque, capitaine au corps royal d'artillerie, chevalier d'honneur au bureau des finances de Lille, fils de Nicolas-Guillaume, écuyer, seigneur de la Phalecque, Ennevelin, Sénéchal, Plantis , rewart de Lille, et de Jeanne-Henriette *Bevier,*

5° François-Hyacinthe, qui suit.

6° André-Henri, baptisé dans l'église de Sainte-Catherine de Lille, le 5 février 1754, mort sur la même paroisse, y fut inhumé le 18 juin 1761, près de l'escalier de la chaire de vérité.

7° Françoise-Henriette, baptisée à Lille, dans la paroisse Sainte-Catherine, le 1er janvier 1757, morte le 19 févier 1758, fut inhumée dans cette église près le pilier de l'Adoration.

VI. François-Hyacinthe *de Maulde* (1), écuyer, seigneur de la Tourelle, releva, le 16 octobre 1782, la bourgeoisie de la ville de Lille où il était né le 20 septembre 1752, paroisse Sainte-Catherine et où il mourut le 22 mai 1790. Il fut inhumé au village de Prémecques, près Lille. Il épousa, le 4 septembre 1781, en la chapelle du château de Kemmel, par autorisation de Monseigneur l'évêque d'Ypres Félix *de Wavrans*, Marie-Jeanne-Adrienne-Xavière *de Navigheer*, née à Ypres, paroisse Saint-Martin, le 30 juin 1762, fille de Joseph-Louis-Bonaventure, écuyer, seigneur de Kemmel, licencié en droit, échevin de la ville d'Ypres, et de Marie-Sabine *de Ghellinck* (de Gand).

Dont trois enfants :

1° Louis-Séraphin *de Maulde*, écuyer, seigneur de la Tourelle, né à Lille le 9 octobre 1782, paroisse Sainte-Catherine, où il mourut le 8 janvier 1835, après avoir épousé, dans cette ville, le 8 septembre 1812, Sophie-Sabine-Joséphine *de Ghellinck d'Elseghem*, née à Gand, le 12 mai 1780, décédée au même lieu le 15 octobre 1851, fille de Jean-Baptiste-Joseph *de Ghellinck*, chevalier du

(1) Le 18 juillet 1776, nous trouvons, paroisse Sainte-Catherine de Lille, le baptême de Rose-Hyacinthe-Joseph *de Maulde*, fille illégitime d'Hyacinthe, né à Lille, et de Marie-Rose-Joseph *Caulier*, native de Mouscron.

Saint-Empire romain allemand , et de Char-
lotte-Maximilienne-Joseph *de Kerchove ;*

Dont deux enfants :

A. Marie-Louise-Joséphine *de Maulde de
la Tourelle,* née à Lille, le 11 janvier
1814, mariée dans la même ville, le
23 janvier 1736 , à Théodore-Jean-
Baptiste-François-Xavier *de Valenzi,*
écuyer, né à Gand, le 1ᵉʳ novembre
1813, fils de François-Xavier-Aloïse-
Joseph-Ferdinand, écuyer, et de Thé-
rèse-Caroline-Colette *de Ghellinck ;*

B. Alexandre-Louis-Joseph *de Maulde
de la Tourelle,* écuyer, né à Lille, le
20 juin 1816, mort en célibat dans la
même ville le 16 septembre 1849 ;

2° Hyacinthe *de Maulde,* mort en bas âge ;

3° Joseph-Auguste *de Maulde,* qui suit.

VII. Joseph-Auguste *de Maulde de la Tourelle,*
écuyer, né à Prémecques, le 25 septembre 1784,
mort à Lille, le 1ᵉʳ juin 1863, s'y était marié le
19 octobre 1814 , à Claire-Fortunée-Joséphine
de Forest de Quartdeville, née à Tournai le 27 septembre 1791, morte le 14 mars 1871 à Lille, fille
d'Eugène-Alexandre-Nicolas, chevalier, comman-
deur de la Légion-d'Honneur, conseiller au Parlement de Flandre , premier président à la Cour
royale de Douai, député du département du Nord,

pair de France , et de Joseph-Louise-Fortunée *Bidé de la Grandville*.

De ce mariage vinrent quatre enfants :

1° Joséphine-Thérèse-Sidonie *de Maulde de la Tourelle*, née à Lille le 12 octobre 1817, y épousa, le 17 mars 1844, Jean-Baptiste-Léon *Delegorgue de Rosny*, demeurant à Boulogne-sur-Mer, né le 22 novembre 1817 à Wimilles, fils de feu Antoine, mort à Wimilles, et de Louise-Rose *Dixmude de Haine* ;

2° Augusta-Eugénie-Fortunée *de Maulde de la Tourelle*, née à Lille le 21 novembre 1818, mariée dans la même ville, le 14 janvier 1840, à Théophile-Edouard-Jacques-Hyacinthe *Denis du Péage*, écuyer, fils de Henri-Edouard, écuyer, seigneur *du Péage*, et de Louise-Marie-Julie *de Sommyevre* ;

3° Louis-Marie-Auguste *de Maulde de la Tourelle*, écuyer, né à Lille, le 23 mai 1821, s'y maria, le 10 juin 1851, à Agathe-Alix-Albertine *Baillieu d'Avrincourt*, née à Lille le 12 février 1829, morte, sans laisser d'enfant, dans cette même ville le 7 février 1869, fille de Cyrille-Emmanuel-Joseph, écuyer, et de Henriette-Sophie-Victoire *du Hamel de Bellenglise* ;

4° Charles-Adrien-Joseph, qui suit.

VIII. Charles-Adrien-Joseph *de Maulde de la Tourelle*, écuyer, chef-homme de l'antique Ghilde de Saint-Sébastien de Kemmel, né à Lille, le 16 mai 1825, mort à Nice le 20 mars 1876, fut inhumé à Kemmel dans le caveau de la famille *de Navigheer de Kemmel*, sous le maître-autel de l'église. Il avait épousé, à Ypres, le 14 avril 1847, Léonie-Eulalie-Marie-Claire *de Navigheer de Kemmel*, née à Ypres, le 12 février 1826, morte au château de Kemmel, le 13 août 1858, fille de Jean-Baptiste-Louis-Désiré, écuyer, et d'Eulalie-Marie-Joséphine *Mazeman de Couthove*, décédée le 6 août 1864, veuve en secondes noces d'Ernest-Clément-Joseph *de Gheus*, écuyer, fils de François-Norbert-Placide, écuyer, et d'Adelaïde-Guillelmine-Antoinette *Merghelynck*.

Ils eurent cinq enfants :

1° Eulalie-Marie-Joséphine *de Maulde*, née à Ypres, le 5 février 1848, morte au château de Kemmel, le 24 octobre 1864 ;

2° Berthe-Marie-Ernestine-Gertrude, née à Ypres, le 7 juillet 1849, morte au château de Kemmel, le 31 mai 1873 ;

3° Robert-Henri-Marie-Adrien, qui suit.

4° Réné-Henri-Marie-Léopold *de Maulde de Kemmel*, écuyer, né à Ypres, le 9 août 1852 ;

5° Marguerite-Marie-Joséphine *de Maulde de Kemmel*, née au château de Kemmel le

20 juillet 1856, épousa à Paris le 7 août 1879, Ferdinand-Louis *de la Salle de Louvois,* fils d'Adolphe *de la Salle,* marquis *de Louvois,* officier de la Légion-d'Honneur, ancien magistrat, et de Marie-Caroline *Deleau.*

IX. Robert-Henri-Marie-Adrien *de Maulde de Kemmel,* écuyer, conseiller communal de Kemmel depuis le 29 octobre 1879, né à Ypres le 31 mai 1851, se maria, à Amiens, le 27 octobre 1875, à Marie-Louise-Eulalie-Jeanne *Maillart de Landreville,* née dans cette ville en 1855, fille de Auguste-François-Hubert *Maillart,* marquis *de Landreville,* et de feue Valentine-Amélie-Adeline *Pingrée de Guiencourt.*

Ils ont trois enfants :

1° Robert-Marie-Adrien-Louis-Pierre-Paul *de Maulde de Kemmel,* écuyer, né au château de Kemmel, le 1ᵉʳ juillet 1877 ;

2° Adrien *de Maulde de Kemmel,* écuyer, né à Paris en mars 1879 ;

3° Auguste-Charles-Marie *de Maulde de Kemmel,* écuyer, né au château de Kemmel, le 27 octobre 1880.

PREUVES

TIRÉES DES ACTES D'EMBREFES

DE LA VILLE D'ATH

---

24 décembre 1610 : Jean *Sapreux*, bourgeois de Condé, vend une pension de 80 livres durant les vies de Jean et Jeanne *de Maulde*, enfants de Jean *de Maulde*, receveur de Cambron, et de Jacqueline *Charlart*.

23 avril 1613 : Pierre *Hanart* vend à Jean *de Maulde*, receveur de Cambron, 12 livres 10 sols de rente à revenir après son décès et celui de Jacqueline *Charlart*, à l'hôpital de la Madeleine.

30 juillet 1616 : Pierre *Percou*, époux de Marguerite *de Maulde*, vend 30 livres de rente et pension viagère durant les vies de Marie et Barbe *de Maulde*, enfants de Jean *de Maulde* et de Jacqueline *Charlart*.

24 avril 1620 : Jacqueline *Desquesme* vend à Jean *de Maulde*, fils, licencié en droit, 11 livres 10 sols de rente, au denier 20, pour en jouir

lui et sa femme Marie *Hannoy*, leur vie durante et ce faire leur volonté.

21 janvier 1623 : Guillaume *Pottier*, cureur, vend à Jean *de Maulde*, bourgeois de la ville d'Ath, la somme de 12 livres 10 sols , pour en jouir lui et Marie *Hannoy*, sa femme, pendant leur vie et en faire leur volonté.

19 juin 1623 : Martin *Desableus*, boulanger à Ath, vend à Jean *de Maulde*, licencié en droit et lois et bailli de Hellebecq, 50 livres de rentes, pour après son trépas revenir à ses enfants.

26 mars 1624 : Guillaume *Pottier*, cureur à Perreuwelz, vend 20 livres de rente à Jean *de Maulde*, qui en jouira avec sa femme Marie *Hannoy*.

23 août 1624 : Antoine *Desquesme*, vend à Jean *de Maulde*, bailli de Hellebecq, 5 livres 15 sols de rente, sur une maison sise à Ath, pour en jouir sa femme et lui toute leur vie et revenir ensuite à leurs enfants.

1er août 1628 : Jean *de Maulde*, bailli de Hellebecq, vend à Pierre *Wyart*, de Valenciennes, son cohéritier, la part qui lui revenait d'une pièce de terre en indivis.

TABLE

DES NOMS DE LIEU & DE FAMILLE

Douai. — L. Dechristé, imprimeur breveté, rue Jean-de-Bologne.